Comment déboucher éviers, lavabos, douches, baignoires et toilettes

Kevin Delcourt

Comment déboucher éviers, lavabos, douches, baignoires et toilettes

Editions MLC

Editions MLC
Le Montet – 36340 Cluis
www.emelci.com

ISBN : 978-2-9545806-3-0
© Editions MLC 2015

Dépôt légal : Mai 2015

Introduction

Quel que soit le soin que l'on apporte à son évier, il arrive immanquablement un jour où celui-ci est bouché. La même chose se passe dans la salle de bains, que ce soit la douche, le lavabo ou la baignoire. On a beau récupérer soigneusement les cheveux après chaque passage, cette journée fatidique où l'eau refuse de s'écouler nous guette tous sournoisement aux moments les plus inopportuns. Le problème est encore pire si cet inconvénient se situe dans la pièce la plus petite de la maison : les toilettes ! Quelle horreur ! La chasse d'eau qui ne plus éliminer les matières qu'elle devrait instantanément faire disparaître.

Ce livre vous apportera les solutions pour remédier à ces problèmes qui surgissent dans notre quotidien. « Comment déboucher éviers, lavabos, douches, baignoires et toilettes » vous aide à prendre le taureau par les cornes d'une manière très simple qui a fait ses preuves et vous indique aussi comment éviter ces aléas de façon efficace dans le futur.

Ayant moi-même travaillé comme dépanneur dans un service de plomberie et écrit pour différents blogs et sites Internet sur ce sujet, je regroupe ici pour vous mes connaissances de manière à avoir au même endroit toutes les astuces et solutions sous la main sans avoir à écumer les bibliothèques et le Net quand vous en aurez besoin.

En lisant ce livre, vous apprendrez, non seulement comment résoudre ces problèmes de canalisations, que ce soit de la salle d'eau, de la cuisine ou des toilettes, mais vous apprendrez aussi à gérer vos canalisations au quotidien pour éviter d'être confronté à ces désagréments. Et cela, sans être un expert ou un plombier.

Anaïs qui a un enfant en bas âge a réussi à déboucher seule les toilettes où le bébé avait jeter trop de papier, en appliquant la méthode expliquée dans « Comment déboucher éviers, lavabos, douches, baignoires et toilettes ».

N'attendez pas d'avoir un gros problème pour lire à propos des solutions. « Comment déboucher éviers, lavabos, douches, baignoires et toilettes » peut vous aider à prévoir l'imprévisible en ayant juste deux ou trois outils à portée de main, au cas où.

Grâce à la lecture de « Comment déboucher éviers, lavabos, douches, baignoires et toilettes » vous ne serez plus jamais pris au dépourvu et toutes vos canalisations fonctionneront à merveille et à votre entière satisfaction.

N'attendez pas d'être dans le pétrin pour trouver la solution ! Soyez prévoyant ! Soyez vigilant et suivez ces quelques recommandations.

Ne soyez pas non plus l'une de ces personnes qui chaque matin rouspète devant la lenteur du lavabo à se vider ou la personne qui doit se doucher les pieds submergés par l'eau savonneuse parce que l'eau de la douche stagne dans le receveur. Et vous ne voudriez pas non plus devoir utiliser les toilettes du voisin parce que les vôtres ne fonctionnent plus. Les astuces et solutions que vous êtes sur le point de lire dans « Comment déboucher éviers, lavabos, douches, baignoires et toilettes » vous apporteront tout le bénéfice d'être en contrôle constant de la situation et d'avoir des canalisations qui écoulent rapidement de qu'elles doivent être en mesure de faire disparaître.

Faites en sorte que votre évier, votre douche, votre lavabo, votre baignoire et la cuvette de vos WC soient exactement ce qu'ils sont supposés être : Des installations propres, saines, pratiques, rutilantes de propreté qui ne vous causent que du plaisir et absolument aucun tracas.

Qu'est-ce qui bouche les canalisations ?

Qu'est-ce qui bouche les canalisations est une question simple à laquelle il est assez aisé de répondre. Ce qui bouche les canalisations, ce sont tous les déchets et résidus qui ne devraient pas s'y trouver ! Pour l'évier, si l'on ne jette pas les résidus des assiettes et tous les petits restes à la poubelle avant de faire la vaisselle, on a assez de déchets pour, au fil du temps, former un bouchon. En effet, ces détritus s'amoncellent et pour cette raison, il est fortement conseillé de placer une crépine sur la bonde de l'évier pour récolter ces petits riens qui, agglomérés ensemble, finissent par former un gros tout. En outre, il est préconisé d'éviter de laisser partir des graisses dans l'écoulement car une fois refroidies, elles se figent et s'agglutinent sur les parois où viennent se coller toutes sortes de déchets. Au bout d'un certain temps, cela rétrécit la canalisation qui a de fortes chances de se retrouver complètement bouchée un jour ou l'autre. Le mieux est donc d'essuyer les plats graisseux ainsi que les cocottes ou casseroles et de jeter les graisses directement à la poubelle. Cela pourra prolonger le bon fonctionnement des canalisations.

Cela est tout aussi valable pour la douche, la baignoire ou le lavabo. Une crépine posée sur le trou de l'écoulement empêchera bien des déboires. Ainsi, aucun cheveux ou poil ne s'échappera dans le tuyau et si l'amas répété de cheveux risquerait d'engorger le siphon, il risquerait aussi d'aller plus loin et de faire une sorte de filet pour les résidus de savon et de shampoing qui formeraient ainsi un bouchon non négligeable.

En ce qui concerne les cuvette de WC et les canalisations des toilettes, il est préférable de n'utiliser que du papier hygiénique qui a la particularité de se désagréger dans l'eau ce qui, en règle générale, est suffisant pour éviter un bouchon si l'on prend la précaution de n'y jeter rien d'autre, et en particulier aucune matière qui ne se décompose pas dans l'eau, comme les couches pour bébé ou d'autres produits du même genre.

Tous ces éléments qui s'emmagasinent dans les canalisations finissent par les obstruer et c'est ce qui bouche les canalisations.

Comment fonctionne un débouche tout ?

Malheureusement, il peut nous arriver d'avoir des canalisations bouchées. Cela se passe aussi bien dans la cuisine avec l'évier bouché par les graisses refroidies, dans la salle de bains avec la douche bouchée à cause des cheveux, la baignoire ou le lavabo que les poils accumulés aux résidus de savon ont bouché, dans les toilettes avec une cuvette qui refuse d'évacuer l'eau de la chasse à cause, très souvent, de bourrage de papier ou pire encore ! Qu'il s'agisse de l'un ou de l'autre de ces endroits, c'est toujours une véritable galère de se mettre dans la peau du plombier déboucheur de canalisations. Dans ce cas, au lieu d'utiliser des produits chimiques, très souvent riches en soude caustique néfastes pour l'environnement et dangereux pour la santé, pour déboucher les canalisations, il est possible de se servir d'un débouche tout, un produit sans aucun produit chimique et très écologique.

Le débouche tout est d'une utilisation facile et avec cet appareil, il est possible de déboucher n'importe quelle canalisation, que ce soit l'évier, la douche, la baignoire, le lavabo ou les toilettes. Il est capable de désintégrer toutes les sortes de bouchons qui se sont malencontreusement formés dans vos tuyauteries d'évacuation. En outre, il ne forme aucun danger pour l'environnement puisqu'il ne nécessite aucun produit chimique et utilise uniquement la force de l'eau. D'autre part, il est réutilisable à l'infini, donc très appréciable pour le porte-monnaie.

Voici comment fonctionne un débouche tout. Pour l'utiliser, il suffit de brancher le tuyau au robinet d'eau et l'autre extrémité du tuyau au débouche tout. Ensuite, on ouvre le robinet et cela fonctionne. Le débouche tout propulse l'eau à haute pression dans la canalisation et ainsi le bouchon occasionné par les détritus et les déchets de toutes sortes sera pulvérisé. C'est ainsi que toutes les canalisations de la maison peuvent être débouchées sans difficulté.

Le débouche tout fonctionne aussi bien avec les toilettes qu'avec d'autres canalisations comme les gouttières, par exemple. Il faut vérifier que tout le débouche tout soit bien complètement enfoncé dans la canalisation à déboucher car la vessie, si elle gonflait à l'extérieur pourrait éclater.

Dans quel cas utiliser du Destop canalisation ?

Presque tout le monde connaît le mot Destop et presque tout le monde sait qu'il s'agit d'un produit déboucheur de canalisations. Mais, dans quel cas utiliser du Destop canalisation est un point qui mérite éclaircissement.

La composition de ce produit est bien entendu très agressive puisqu'il peut déboucher la plupart des canalisations dans lesquelles sont venu se loger tout un tas de petites saloperies, de détritus et de déchets qui se sont agglomérés ensemble et ont formé un bouchon qui arrête l'écoulement. Il est tout aussi vrai que Destop est vraiment efficace et un bouchon lui résiste rarement, mais sait-on quel est le prix à payer pour l'environnement et la santé ? Le produit est très toxique, si on a le malheur de l'inhaler un tant soit peu on a les yeux qui piquent et les muqueuses irritées. En outre, il est nécessaire de le manipuler muni de gants ou gare aux brûlures si l'on s'en verse sur les doigts ou les mains.

En dépit de tous ces inconvénients, il est parfois nécessaire d'utiliser Destop pour déboucher une canalisation. Car l'un des avantages de ce produit est qu'il n'attaque pas du tout les métaux ce qui est, on en conviendra, nettement meilleur pour la tuyauterie. Toutefois, il est préférable de n'y avoir recours que lorsque toutes les autres méthodes ont failli et ne pas l'utiliser pour un oui ou pour un non et certainement pas en matière de prévention. Il est beaucoup trop puissant et nocif pour cela.

Par ailleurs, il faudra toujours prendre les précautions nécessaires comme porter des gants et se préserver les yeux avec des lunettes de bricolage. Cela peut paraître excessif, mais si l'on pense qu'il suffit d'une goutte de soude caustique (hydroxyde de sodium) pour causer des lésions permanentes aux yeux pouvant conduire à la cécité, on comprendra que mieux vaut prévenir que guérir dans ce cas. Un autre élément qui entre dans la composition du Destop et tout aussi dangereux est l'acide silicique (métasilicate pentahydrate de sodium) car très corrosif et irritant mais, dont la particularité est de pouvoir endommager la peau ou les yeux de façon permanente sans qu'aucune sensation de douleur ne se fasse ressentir.

Voilà de quoi faire réfléchir à deux fois avant d'utiliser Destop sans précaution. De plus, si les dangers pour la santé sont assez nombreux pour donner à penser au sujet de son utilisation, ceux impliqués dans les problèmes de l'environnement ne le sont pas moins.

Comment déboucher une canalisation ?

Comme toujours la meilleure façon de remédier à un problème est de faire en sorte qu'il ne surgisse pas ! Cela vaut pour votre canalisation bouchée. Dans la salle de bains, toujours enlever les restes de savon, les cheveux et autres débris du lavabo, de la douche ou de la baignoire, et les mettre directement à la poubelle. Ne les laissez pas filer par le siphon. Tous ces déchets finiront par s'agglutiner et former un bouchon qui empêchera l'eau de s'écouler. La même chose vaut pour la cuisine. Ne jamais laisser de graisses partir dans l'écoulement et enlever tous les détritus des assiettes et des casseroles avant de faire la vaisselle. Tous ces restes sont bons à mettre aux ordures immédiatement sous risque de voir votre siphon se boucher rapidement. Pour les toilettes, le problème est encore plus simple. Vous ne devriez jamais y mettre autre chose que ce pourquoi elles sont faites et utiliser du papier hygiénique approprié. Prendre du papier journal pour cette utilisation intime est prier pour avoir des problèmes.

Bon, cela est bien joli, mais vos canalisations sont bouchées. Alors, comment déboucher une canalisation ?

Pour déboucher une canalisation deux genres de méthodes s'offrent à vous. La méthode naturelle et la méthode chimique. Les déboucheurs chimiques sont très caustiques et vraiment néfastes pour l'environnement. De plus, ils sont, en règle générale, dangereux pour la santé. Vous devez porter des gants pour les manipuler et même de préférence, des lunettes de protection pour protéger vos yeux et prendre garde de ne pas inhaler les vapeurs du produit.

La méthode naturelle offre plusieurs possibilités qui peuvent vous aider selon la grosseur du bouchon que vous avez laissé se former dans votre canalisation. Car dites vous une chose, le bouchon ne se forme que parce que vous l'y avez engagé ! Première méthode qui parfois s'avère suffisante : l'eau bouillante. Mais ceci ne fonctionnera que si votre bouchon est assez petit et si vous avez laissé l'eau stagnante s'évacuer. Deuxième possibilité, la ventouse. D'un maniement simple, elle n'occasionne aucun dégât. Pensez à boucher le trou du trop-plein avant de la faire fonctionner. Si vous êtes bricoleur et que ces deux méthodes ne procurent aucun résultat satisfaisant, démontez le siphon en mettant une bassine en dessous avant de commencer pour récupérer l'eau qu'il contient.

Pour les plus gros problèmes, comme les toilettes, le furet apparaît souvent comme la méthode qui marche ! Un furet est un flexible d'environ cinq à sept mètres que vous introduisez dans les toilettes et qui va détériorer le bouchon. Si tout cela ne fonctionne pas vous pourrez aussi utiliser un nettoyeur haute pression. Particulièrement efficace dans les toilettes avec ses quinze mètres de tuyau.

Comment déboucher un WC

Il peut arriver que les toilettes soient bouchées. Vous le remarquez parce que la cuvette, au lieu de se vider une fois la chasse tirée, n'évacue pas l'eau. Au contraire, vous avez même l'impression que le niveau de l'eau y monte. Généralement, cela est dû à un bouchon qui se sera formé. Bien que la corvée soit loin d'être agréable, nul besoin de téléphoner à un plombier, car vous pouvez très bien vous charger de l'affaire. Le tout est de savoir comment déboucher un WC.

Bien sûr, pour déboucher les toilettes vous pouvez utiliser les déboucheurs chimiques, mais ceux-ci sont terriblement agressifs et vraiment pas bons pour le milieu. Il y d'autres techniques nettement meilleures marché. Vous pourrez, entre autres, utiliser une ventouse, un furet ou de l'eau chaude.

En premier lieu, éviter de tirer encore une fois la chasse. Cela ne ferait que remplir la cuvette à nouveau et risquerait peut-être de la faire déborder. Plus de gâchis et de saletés et plus de nettoyage pour vous, dans ce cas. Ensuite, prenez la ventouse. Technique assez classique, mais efficace seulement dans le cas de petits bouchons. Cette technique est cependant peu onéreuse, une ventouse coutant environ 3 euros en grande surface. Cela vaut le coup d'essayer.

Vous mettez la ventouse au fond des toilettes, dans le trou pour le boucher et en appuyant fortement sur la ventouse aucun air ne passe plus. Vous devez pomper plusieurs fois, ce qui bougera le bouchon. Celui-ci se désagrégera s'il est de petite dimension et partira lorsque vous tirerez la chasse d'eau.

Le furet se présente différemment et il coûtera environ le double soit 6 euros. C'est une tige en acier de plusieurs mètres avec à l'une de ses extrémités des petites brosses en forme de goupillon. Cette technique est simple et, en règle générale, efficace. Vous introduisez le furet dans la canalisation et tournez la manivelle pour qu'il y pénètre profondément. A un moment donné, vous sentez une résistance, il s'agit alors du bouchon. Continuez à tourner la manivelle, cela détruira le bouchon, surtout si vous retirez un peu le furet de quelques centimètres pour l'enfoncer à nouveau. Ainsi, il attaquera le bouchon à plusieurs endroits ce qui fera, à n'en pas douter, baisser le niveau d'eau dans la cuvette. Vous serez, alors, probablement en mesure de tirer la chasse d'eau avec un bon résultat.

Parfois, lorsqu'il s'agit d'un petit bouchon, un seau d'eau chaude suffira. Il faut remplir un seau d'eau très chaude et le verser de haut dans la cuvette en répétant l'opération plusieurs fois de suite. Une fois les toilettes débouchées, on tire la chasse d'eau.

Comment déboucher un évier ?

On vous dira que la meilleure façon de déboucher un évier est de faire en sorte qu'il ne se bouche pas ! Facile à dire, mais une fois le mal fait, il faut en tirer les conséquences. Toutefois, pour éviter d'avoir à faire l'opération trop souvent, une passoire pour évier est un moyen efficace d'empêcher les morceaux de légumes et autres déchets de boucher le siphon. Vous vous rendrez compte que votre évier est bouché car l'eau s'écoulera lentement et très souvent une flaque d'eau sale restera au fond de l'évier près du trou d'écoulement.

Comment déboucher un évier sera donc pour vous essentiel si vous en êtes au stade où l'eau ne s'écoule plus. La première solution est la technique la plus simple et la moins onéreuse. Il s'agit de la casserole d'eau bouillante. Faites bouillir une casserole d'eau et une fois l'eau arrivée à ébullition, la vider dans l'évier en prenant soin de bien la mettre directement dans le trou de l'écoulement juste au-dessus de la bonde, afin qu'elle ne se refroidisse pas avant d'atteindre la canalisation.

Au cas où l'évier serait plus structuralement bouché, comment déboucher un évier avec une ventouse pourrait être une méthode efficace. Il faut impérativement boucher le trop-plein avec un chiffon pour bloquer l'air. Ensuite, appliquez la ventouse sur la bonde de l'évier et remplir celui-ci d'eau jusqu'à recouvrir la partie en caoutchouc de la ventouse. Faites un appel d'air en appuyant et en relâchant la ventouse plusieurs fois de suite, et cela jusqu'à ce que l'évier soit totalement vidé de son eau.

Vous pouvez aussi décider de démonter le siphon, lorsque les méthodes précédentes pour comment déboucher un évier ont échoué ou bien si vous êtes un adepte des méthodes radicales. Le siphon, se trouve sous l'évier et sa fonction est de bloquer la remontée des odeurs nauséabondes qui pourraient remonter de la canalisation. Les modèles récents possèdent une visse de purge ce qui rend la tâche aisée. Pour les anciens modèles, vous devrez démonter le siphon entièrement. N'oubliez pas de positionner une cuvette sous le siphon avant l'opération. Dévissez la bague du siphon et débarrassez-le des déchets qui l'encombrent et ont occasionné la situation. Bien tout nettoyer et remettre en place, sans oublier aucune pièce et principalement les joints d'étanchéité. Si vous devez démonter un ancien modèle, prenez soin de ne pas endommager les vis de fixation des éléments.

Si ces méthodes s'avèrent insuffisantes, vous voudrez peut-être employer les grands moyens et utiliser un déboucheur chimique. Cela peut être nécessaire si le bouchon se trouve plus loin que le siphon dans la canalisation. Il suffit de verser la quantité de produit indiquée, le laisser agir et de rincer à l'eau claire. Bon courage !

Comment déboucher un lavabo ?

Les produits chimiques utilisés préconisés dans les grandes surfaces qui vous indiquent comment déboucher un lavabo, sont souvent des produits très toxiques et nuisibles pour l'environnement. En outre, votre lavabo se trouvant, en règle générale, dans votre salle de bains, côtoie vos produits de soins du corps, vos produits pour soins dentaires ou de la peau ou même parfois des produits pour les yeux. Tous ces produits sont entreposés dans votre salle de bains et certains d'entre eux gardés sur votre lavabo. Les déboucheurs chimiques émanent des vapeurs, invisibles à l'œil nu et inodores, mais néanmoins nocives pour la santé et qui pourraient contaminés vos autres produits. Pour cette raison, d'autres méthodes sont hautement préférables. Par exemple, on essaiera de l'eau brûlante, le démontage du siphon, la ventouse ou le furet et, en dernier recours, des cristaux de soude.

Pour l'eau chaude rien de plus simple que de laisser couler de l'eau sans la mélanger à l'eau froide. Si cela ne fonctionne pas, on prendra de l'eau portée à ébullition, versée dans la bonde. Parfois, cela est suffisant, parfois non. Dans le dernier cas, on pourra toujours essayer d'utiliser la ventouse qui reste une méthode très douce. Ne pas oublier de boucher le trou du trop-plein avant l'opération. Remplir le lavabo d'eau. On prendra l'eau chaude de préférence pour avoir ainsi une double action. Puis, on fera fonctionner la ventouse en l'appuyant bien contre la bonde. Si le bouchon qui bouche le lavabo n'est pas trop résistant, trois ou quatre effets de pompe suffisent. L'eau commence à s'écouler. La laisser partir complètement et rincer le lavabo à l'eau chaude pendant une minutes ou deux.

On peut aussi démonter immédiatement le siphon. Comment déboucher un lavabo s'avère alors assez simple, surtout dans les modèles récents qui ont un système de purge très pratique évitant d'avoir à démonter tout le siphon. Pensez à mettre un récipient sous le siphon pour récupérer l'eau avant de le démonter. Nettoyer le siphon, le rincer et le remonter sans oublier les joints d'étanchéité.

Comment déboucher un lavabo avec une méthode simple consiste à utiliser du bicarbonate de soude et du vinaigre blanc, si les méthodes précédentes s'avèrent inefficaces. Versez du bicarbonate de soude dans le trou d'évacuation et ajouter du vinaigre blanc. Le mélange se mettra à mousser. Après un quart d'heure on rajoute un peu de vinaigre. On attend encore une dizaine de minutes et on rince à l'eau chaude. Il s'agit aussi d'une bonne méthode préventive à faire toutes les six semaines environ. Une poignée de cristaux de soude de temps à autre dans l'évier est aussi un bon moyen de prévenir les bouchons.

Comment déboucher une baignoire ?

Même en prenant le plus grand soin de sa salle de bains, il arrive que la baignoire soit bouchée. Un bain consiste, le plus souvent, en eau qui contient des résidus savonneux et ceux-ci, au fil du temps, s'amalgament entre eux et finissent par s'agglomérer et former un bouchon qui obstrue la canalisation et ne permet plus l'évacuation des eaux. Une situation bien fâcheuse, mais que la plupart d'entre nous a connue au moins une fois au cours de son existence.

Si vous avez une baignoire qui a du mal à s'évacuer, par exemple, lorsque vous prenez une douche vous vous apercevez qu'au bout de deux minutes vous avez de l'eau jusqu'aux chevilles, il est temps d'agir. Comment déboucher une baignoire dans ce cas-là. Dans une baignoire, les cheveux, les poils et les restes de savons accumulés ont certainement collé les uns aux autres et le bouchon est là faisant comme un tampon qui obstrue la canalisation.

On peut pomper ce bouchon avec une ventouse en l'appliquant sur la bonde après avoir calfeutrer le trop-plein pour créer un appel d'air. En règle générale, pomper deux ou trois fois est suffisant. Dans le cas contraire, il faudra mieux envisager de nettoyer le siphon qui est souvent la cause de la situation. Le démonter et le nettoyer, puis le remonter. Parfois, il est impossible d'accéder au siphon dans les anciennes constructions. On pourra alors verser deux ou trois cuillérées à soupe de cristaux de soude dans le trou de la bonde. Attendre environ un quart d'heure et verser de l'eau bouillante. Répéter l'opération si toute l'eau ne part pas rapidement. Les cristaux de soude sont une méthode plus douce que la plupart des déboucheurs du commerce et moins nocive, tout en étant très souvent tout aussi efficace. Les cristaux de soude ont l'avantage de ne pas endommager les canalisations anciennes en plomb qui, malgré tout, sont encore très souvent présentes dans les vieilles installations en dépit des nouvelles lois sur l'environnement.

Une fois la baignoire débouchée, on pourra envisager d'utiliser une passoire comme celles que l'on utilise dans les éviers pour collecter les détritus et ainsi économiser le siphon qui ne se remplira plus avec les cheveux, les poils ou autres petits déchets que nous produisons pendant la douche et le bain.

Comment déboucher un tuyau ?

Déboucher un tuyau de canalisation, que ce soit d'évier, de baignoire, de douche, de lavabo ou de toilettes n'est la plupart du temps pas aussi problématique qu'il y paraît à première vue. La première chose à faire est d'essayer de déboucher mécaniquement. Pour les éviers on dévissera le siphon car très souvent le problème vient de là et il n'y a pas lieu d'aller plus loin. En effet, si l'on ne prend soin de nettoyer grossièrement les plats, les casseroles et les assiettes avant de faire la vaisselle, il y a gros à parier que des résidus et restes de toutes sortes s'amalgameront dans le siphon et finiront par l'obstruer complètement. Ne pas oublier de mettre une cuvette en dessous avant de démonter le siphon car il est rempli d'eau et dans notre cas de saletés. La plupart des siphons sont faciles à démonter et remonter, il suffit de penser à remettre les joints à leur place lorsque l'on revisse le tout après l'avoir bien nettoyé.

Ensuite, si le problème n'était pas ou que partiellement le siphon, il doit s'agir d'un bouchon formé plus loin dans le tuyau qui empêche l'eau de partir. Dans ce cas, on peut verser de l'eau bouillante dans l'écoulement (après avoir remonter le siphon, cela s'entend). Toutefois, l'eau bouillante devant attaquer le bouchon il faut attendre que toute l'eau se soit écoulée avant de la verser. Si nécessaire, on doit vider l'évier ou le lavabo avec un récipient pour évacuer l'eau froide stagnante.

Si cette deuxième solution ne fonctionne pas et le problème persiste, on pourra se servir d'une ventouse qui est aussi un moyen fort écolo de déboucher un tuyau. Il est conseillé de fermer l'ouverture du trop-plein avant de faire fonctionner la ventouse car autrement l'appel d'air empêcherait l'aspiration et la pression sur le bouchon.

Un autre moyen manuel est le furet, une longue tige flexible avec des crochets et des spirales à une extrémité qui désagrègent le bouchon. Toutefois, le furet peut aussi endommager l'émail des fonds de cuvettes ou de lavabo. Il est donc nécessaire de le manier avec douceur. Une manivelle existe la plupart du temps à l'autre extrémité et cela permet de mieux utiliser le furet par rotation.

Et enfin, une méthode absolument radicale et presque un matériel de pro est le déboucheur haute pression, un kit que l'on branche sur le nettoyeur haute pression. Hautement recommandable lorsque les options précédentes ont toutes échouées et qui évite de faire appel à un plombier.

Comment lutter contre les mauvaises odeurs dans les canalisations ?

Toute votre maison est propre et les sols nettoyés avec les produits appropriés et votre maison, en règle générale, sent bon, mais voilà que de temps en temps une odeur pestilentielle envahit la cuisine et la salle de bains. Vous êtes au désespoir car vous savez que cela vient des canalisations. Une question s'impose : Comment lutter contre les mauvaises odeurs dans les canalisations ?

Avant de penser à lutter contre les mauvaises odeurs dans les canalisations, il est bon de faire en sorte que ces odeurs ne se créent pas. Pour cela, éviter de verser des graisses dans l'évier. Lorsqu'elles refroidissent, elles se collent à la tuyauterie et finissent par empester la cuisine. Bien entendu, vous pouvez laver des casseroles graisseuses dans votre évier, mais il est conseillé de le faire avec de l'eau bien chaude mélangée à du produit vaisselle et de laisser couler l'eau très chaude pendant quelques minutes une fois que vous avez terminé. Cela dissoudra les graisses et les emportera loin de votre évier. Cela peut sembler gaspiller de l'eau chaude, mais sur le long terme vous y gagnerez puisque vous n'aurez plus de mauvaises odeurs.

Si les mauvaises odeurs sont déjà là, il faudra nettoyer la canalisation avec une bonne casserole d'eau bouillante et verser ensuite un désinfectant que l'on laisse agir pendant la nuit. On pourra ensuite rincer le lendemain et on répétera l'opération si une fois s'avère insuffisante. Une autre astuce consiste à verser du marc de café dans les canalisations pour faire disparaître les odeurs désagréables. Toutefois, en utilisant cette manière, il faut prendre soin que le marc de café soit très fin pour ne pas risquer de boucher la canalisation.

Verser du vinaigre blanc bouillant dans le lavabo et la baignoire est une bonne méthode pour les canalisations de la salle de bains qui sont souvent gangrénées par des particules de mousse de savon sale qui adhère aux parois du siphon et des canalisations. Verser de l'eau bouillante avant toute chose et ensuite le vinaigre bouillant. Cette méthode s'avère souvent efficace, mais là aussi, faire en sorte que les mauvaises odeurs n'apparaissent pas est la meilleure méthode pour lutter contre les mauvaises odeurs dans les canalisations. Pour la salle de bains, on pourra aussi, une fois par semaine verser le soir le jus d'un citron pressé dans les écoulements. Généralement, les mauvaises odeurs n'apparaissent alors jamais. Mieux vaut prévenir que guérir.

Quelques questions

Qu'est-ce qu'un furet de plomberie ?

Un furet de plomberie est une longue tige d'acier flexible avec un double crochet en forme de tire-bouchon ou de spirale à l'une de ses extrémités et le plus souvent, une manivelle à l'autre bout. C'est un appareil léger qui sert à désobstruer les canalisations, bien plus efficace que des produits chimiques, il est tout à fait sans danger pour l'environnement car sans aucune pollution possible. Particulièrement efficace pour les WC, les éviers, les lavabos et les baignoires, le furet permet souvent de débloquer les bouchons dans les canalisations, là où d'autres systèmes se sont révélés insuffisants. Sa tige fine lui permet de pénétrer dans tous les types et toutes les grosseurs de canalisations qu'il n'endommagera pas à l'inverse de certains produits nocifs.

Si vous avez dévissé le siphon et que celui-ci semble ne pas être le problème d'évacuation car il apparaît propre et sans déchets, il y a gros à parier que le bouchon de détritus et d'impuretés se trouve coincé plus loin dans la canalisation. Dans ce cas, exception faite des déboucheurs chimiques, qui sont tout de même à éviter, la meilleure solution s'avère être le furet. L'opération est aisée et ne prend qu'une dizaine de minutes tout au plus.

Pour déboucher une canalisation avec un furet de plomberie, une fois le siphon démonté si celui-ci est d'un modèle plat ou droit, on introduit l'extrémité du furet munie du tire-bouchon dans la canalisation et on l'enfile le plus loin possible jusqu'à sentir un obstacle. Il s'agit selon toute probabilité du bouchon. Il suffit alors de faire tourner le furet à l'aide de la manivelle ce qui percera le bouchon. Il est aussi recommandé de retirer un peu vers soi le furet et de le renfiler ensuite, ce qui a pour effet de percer le bouchon en plusieurs endroits. Une fois cela effectué, l'eau commencera à s'écouler. On peut ensuite faire couler de l'eau, chaude de préférence, pour que le bouchon continue de se désagréger et il partira avec l'écoulement de l'eau.

Utiliser un furet pour déboucher une canalisation

Lorsque l'on a une canalisation bouchée et que l'on désire la déboucher soi-même, la question est de savoir comment utiliser un furet pour déboucher une canalisation. Un furet est une longue tige d'acier flexible munie d'un côté d'un crochet en forme de spirale et à l'autre extrémité d'une manivelle pour pouvoir le faire pénétrer plus facilement dans la canalisation. Il est à noter que certains furets ne possèdent pas cette manivelle et leur emploi est un tout petit peu moins pratique.

En règle générale, les lavabos, les douches et les baignoires sont bouchés par des bouchons consistant en des restes de savons ou de produits de douche et de poils et de cheveux agglomérés ensembles et agglutinés sur les parois des canalisations ce qui forment un obstacle qui empêche l'eau de s'écouler. On remarque au début que l'eau part moins vite, pour partir de moins en moins rapidement, pour finalement ne plus s'évacuer du tout. Dans les éviers, ce sont souvent des détritus de restes de repas et qui avec les graisses réussissent à former un tampon qui, lui aussi fait un bouchage à l'écoulement. Quant aux toilettes, ce sont bien souvent les endroits les moins ragoutants en ce qui concerne le bouchon qui se sera formé de papier, de matières fécales et, malheureusement qui fera que la chasse d'eau est devenue tout à fait inefficace.

Dans tous les cas décrits, un furet peut apporter la solution pour remettre les canalisations en état de fonctionner normalement et évacuer les eaux usées ou vannes. Pour utiliser un furet pour déboucher une canalisation, il sera introduit dans la canalisation par le bout de la spirale ou du crochet et on tournera jusqu'à ce que l'on sente le bouchon. Là, on enfoncera plus loin le furet qui avec sa spirale percera un trou dans le bouchon. Très souvent arrivé à ce stade, on voit déjà l'eau commencer à s'écouler doucement. On continuera la percée jusqu'à ce que le furet rencontre à nouveau le vide. Cela signifie que le bouchon est troué de part en part. On ressortira, alors le furet un peu du bouchon pour essayer de le trouer en d'autres endroits. En faisant fonctionner la chasse d'eau, la force de l'eau fera disparaître complètement le bouchon qui est, pour ainsi dire, cassé en morceaux. Le même processus est valable pour les autres canalisations de la maison. Toutefois, dans l'évier et les canalisations de la salle de bains, on versera de l'eau bouillante au lieu de faire simplement couler le robinet ce qui aura pour effet de faire fondre toutes les particules de graisses sur les parois.

Comment fonctionne un déboucheur électrique ou haute pression ?

Malheureusement, nous en avons tous fait l'expérience un jour ou l'autre, les canalisations peuvent se boucher. Cela arrive en règle générale pas tout à fait du jour au lendemain. Il y a les signes avant coureurs avec l'écoulement qui devient plus lent, puis sans raison apparente se remet à fonctionner normalement, pour s'amoindrir encore et enfin ne plus du tout laisser passer le liquide. L'horreur, en fait !

Que se passe-t-il dans notre canalisation ? C'est très simple à constater et à savoir. Les restes de savon, des poils, des cheveux, peut-être même quelques fils échappés d'un gant de toilette se sont amalgamés ensemble et forment un bouchon qui s'est aggloméré dans la tuyauterie. Une fois en arrivé là, il est assez difficile d'éliminer ce bouchon. En fait, il vaudrait nettement mieux agir dès les premiers signes du problème et ne pas attendre que le mal soit presque irréparable.

Heureusement que pour chaque problème il existe une solution et il est bon de savoir comment fonctionne un déboucheur électrique ou haute pression. Ce déboucheur est en plusieurs points très avantageux. Premièrement pour la santé car il n'utilise aucun produit agressif pouvant endommager les voies respiratoires, abîmer les yeux ou brûler la peau. Deuxièmement, il est très écologique et ne pèse pas sur l'environnement car il n'emploie que de l'eau et un peu d'électricité. Le plus souvent, il viendra à bout des bouchons où qu'ils se trouvent dans une canalisation engorgée.

Il y a deux utilisations possibles pour se servir d'un tel déboucheur. On peut soit tout simplement utiliser un nettoyeur haute pression en lui fixant un furet avec une buse pour déboucher les canalisations ou bien on peut aussi investir dans un déboucheur spécial pour canalisations et là, il s'agit d'un appareil spécialement conçu pour. Si l'on choisit la première option, on fera l'acquisition d'un kit de débouchage de canalisation qui comprendra un furet (un flexible mesurant environ une dizaine de mètres) que l'on branche à la place du pistolet classique et une buse, donc une tête pour projeter avec une grande force l'eau dans toutes les directions et ainsi récurer la canalisation en éliminant toutes les impuretés emmagasinées qui la bouchent.

Le kit de débouchage s'achète souvent séparément d'un nettoyeur haute pression. Si l'on opte pour la deuxième solution, c'est-à-dire un déboucheur de canalisation spécialement conçu, le flexible est plus long, mais il est aussi surtout un achat professionnel que l'on se procure sur devis car les critères sont variés et selon les besoins que l'on désire en faire.

Les deux options évitent souvent de faire venir un plombier ce qui l'un dans l'autre, et quelle que soit l'option choisie, est une réalisation d'économie certaine.

Qu'est-ce qu'un déboucheur Virax ?

Virax est une entreprise qui a vu le jour en 1920 et qui est donc depuis plus de 90 ans spécialisée dans les solutions d'outillage et d'équipements pour les professionnels du sanitaire, du chauffage de la couverture et de la maintenance. La plomberie forme le cœur de cible de Virax. Qu'est-ce qu'un déboucheur Virax est une question qui devrait donc être posée au pluriel car Virax possède plusieurs modèles de déboucheurs tous plus performants les uns que les autres, car l'entreprise produit de la qualité. On retrouve les déboucheurs dans la catégorie « Maintenance » avec le déboucheur furet, le déboucheur à pression, le déboucheur manuel à câble et le déboucheur haute pression.

Le déboucheur furet se décline en quatre modèles qui s'accordent aux différents diamètres de canalisations à déboucher allant de 20 mm à 80 mm avec un furet pour 30 mm et un autre pour 50 mm. Le furet avec le câble de 80 mm est d'une longueur de 5 mètres, les autres d'une longueur de 1,50 mètre. Tous sont en acier et il va sans dire que plus le câble est d'un diamètre conséquent plus le poids est à l'avenant. Il existe toute une gamme de crochets, de rallonges, de griffes et de tire-bouchons adaptables au déboucheur furet.

Le déboucheur à pression est un déboucheur à pompe à main qui peut être muni de deux embouts différents selon que l'on désire déboucher des toilettes ou des lavabos et des éviers. Pouvant s'utiliser en aspiration ou en pression, ce déboucheur Virax résiste aux produits d'entretien les plus corrosifs que l'on a souvent essayés avant de faire venir le plombier.

Le déboucheur manuel à câble varie légèrement d'un déboucheur à furet. Le même existe en version électrique en modèle électroportatif ou à tambour. Quant au déboucheur à haute pression, il s'agit d'une nettoyeur déboucheur pour un usage semi intensif et donc un véritable matériel de professionnel qui, comme son nom l'indique, pourra être utilisé aussi bien pour le nettoyage que pour le débouchage. Avec ses 20 mètres de flexible de débouchage, il vient à bout de tous les bouchons qui obstruent les canalisations, qu'ils soient de graisse, de savon, de boue, de sable ou d'autres matières grasses et friables.

Utiliser une caméra d'inspection pour ses canalisations

Il arrive que malheureusement, une canalisation soit bouchée. Avant de passer à l'action même de débouchage, savoir de quel sorte de bouchon il s'agit et dans quel endroit de la canalisation il se trouve exactement peut être une manière plus efficace de se mettre au travail. Une caméra d'inspection, aussi appelée un endoscope, peut dans ce cas intervenir. Il existe des têtes de caméra de diamètres différents selon les canalisations à inspecter. S'il s'agit de canalisations normales d'habitat, en règle générale, ceux-ci iront de 12 mm à 50 mm. Mais, il existe aussi des gros modèles conçus pour les canalisations d'égouts plutôt réservés aux égoutiers et aux services de voieries des municipalités qui emploient des professionnels de l'inspection. Ces caméras sont montées sur des engins ressemblant plus à des tracteurs qu'à des engins de scènes de tournage de film.

Le particulier qui désire régulièrement utiliser une caméra d'inspection pour ses canalisations se servira le plus souvent des petits modèles. Plusieurs systèmes sont également munis de possibilités d'enregistrements, tout aussi bien audio que vidéo. Ce qui peut être très pratique d'autant plus que ces données sont enregistrables sur une clé USB ou tout simplement sur le disque dur de l'ordinateur.

Les caméras d'inspection sont aussi munies de câbles flexibles ce qui permet de franchir des coudes très souvent jusqu'à 90°. Ce qui n'est pas négligeable lorsque l'on considère la configuration de la plupart des canalisations où de nombreux coudes se rencontrent presque toujours.

Si l'on désire utiliser une caméra d'inspection pour ses canalisations et investir dans une caméra d'inspection, il faut bien étudier le marché et les propositions diverses et ne pas hésiter à demander des devis et surtout comparer les caractéristiques de chacune et les rapports qualité/prix. Par ailleurs, plusieurs entreprises proposent la location de matériel ce qui peut être plus avantageux si l'on veut ne s'en servir qu'une fois par an pour une inspection générale et que l'on n'attend aucun problème probable sur le réseau.

Toute caméra d'inspection devrait comprendre à l'achat le matériel nécessaire pour procéder immédiatement à l'inspection de n'importe quelle canalisation du réseau que ce soit pour une inspection de routine ou en cas de problème.

Qu'est-ce qu'un système d'assainissement ?

A la question « Qu'est-ce qu'un système d'assainissement, » on pourrait répondre : un assainissement est un système installé ayant pour but de limiter l'impact des 150 litres d'eaux usées rejetées par jour en moyenne par chaque habitant sur l'environnement. Cela vaut en France et dans la plupart des pays développés, beaucoup moins on s'en douterait dans les pays ou l'approvisionnement en eau est encore un problème.

Il existe deux sortes d'assainissement. L'assainissement dit collectif, qui comprend un réseau de canalisations souvent nommé tout-à-l'égout et, en règle générale géré par la municipalité, et l'assainissement autonome ou chaque habitation ou bâtiment a la responsabilité de l'assainissement de ses eaux usées. On appelle aussi l'assainissement autonome, l'assainissement non collectif ou l'assainissement individuel.

En gros, l'assainissement est donc prévu pour protéger la santé des populations et de faire en sorte que le milieu naturel garde sa qualité et en particulier celle des eaux naturelles et des nappes phréatiques. Ceci est réalisé au moyen de l'assainissement qui, comme son nom l'indique, fait subir une épuration aux eaux usées avant que celles-ci ne soient rejetées dans le milieu naturel.

Beaucoup de personnes, lorsque l'on parle d'assainissement individuel, pensent à la fosse septique. Une fosse où les eaux sont collectées, puis assainies à l'aide de bactéries pour être rejetées en milieu naturel par un système de canalisations et d'épandage en sol meuble filtrant. Toutefois, il existe aussi à l'heure actuelle d'autres systèmes d'assainissement comme les micro stations d'épuration et la phytoépuration. Deux systèmes totalement différents de la fosse septique et l'un de l'autre.

La micro station d'épuration fonctionne grâce à un système qui est le même que celui employé dans une station d'épuration urbaine selon deux possibilités : un procédé nommé à boue activée ou selon un procédé à culture fixe. La station de micro épuration est particulièrement souhaitable lorsque le terrain ou le manque de terrain ne permet pas de réaliser l'épandage d'une fosse septique. Le système comprend quatre phases de traitement : la décantation, le bassin de réaction, la pré-clarification et la clarification.

La phytoépuration utilise les plantes (une variété de roseaux, mais aussi massettes, iris des marais, salicaires, rubaniers, scirpes, menthes aquatiques, plantains d'eau) pour l'assainissement.

Quel que soit le système choisi, cela se fera selon les possibilités du terrain, l'occupation de l'habitation et son nombre d'habitants, mais le but sera toujours l'assainissement des eaux usées avant de les renvoyées dans le milieu naturel.

Comment fonctionne un égout ?

On nomme aussi les égouts, le système d'assainissement collectif. En général, les égouts sont des canaux souterrains, parfois en maçonnerie, parfois creusés dans la roche, qui sont utilisés pour réunir et ensuite évacuer les eaux usées ménagères (eaux de vaisselle, de machine à laver, de salle de bains), les eaux vannes (qui sont les eaux des toilettes comprenant des effluents), et aussi les eaux pluviales. Très souvent, les égouts évacuent les eaux par la seule force de la gravité sans appareillage électrique ou de pompage. C'est, par exemple, le cas à Paris, où les eaux d'égouts sont collectées des parties les plus hautes de la ville vers les canalisations qui longent la Seine.

Les égouts sont rangés en plusieurs catégories avec les branchements particuliers pour chaque immeuble ou maison, puis il y a les canalisations associées à chaque rue avec des collecteurs secondaires et des collecteurs principaux. Il y a aussi le réseau qui emporte les eaux collectées aux stations d'épuration. Un réseau d'égout peut être unitaire, c'est-à-dire lorsque toutes les sortes d'eaux usées (pluviales, ménagères, de toilette, des fontaines, de nettoyage des rues etc.) sont réunies dans les mêmes canalisations ou alors avec la séparation des eaux fluviales, grises et vannes (les eaux vannes formant les eaux des toilettes, publiques ou particulières).

Pour bien fonctionner, les égouts doivent être entretenus par des égoutiers dont la fonction principale est de veiller à ce que ceux-ci ne s'engorgent pas et une autre de leur tâche est de régulariser le flux de l'eau. Par gros orage, il se peut que trop d'eau afflue dans les égouts ce qui est alors un fort risque de débordement. Il y a pour cette raison de grands bassins de retenue d'eau qui sont aménagés ici et là sur le parcours. Les égoutiers ont un métier pénible car ils sont exposés à des conditions de travail difficiles qui comportent de nombreux risques sanitaires. L'un des plus graves est l'émanation de sulfure d'hydrogène qui est un composé chimique produit par la décomposition des protéines et des excréments humains et d'animaux dans un environnement pauvre en oxygène. Il est aussi responsable de l'odeur fétide qui se dégage des égouts. Les égoutiers dans leur occupation journalière d'entretien, disposent d'un appareil détecteur de gaz qui se met aussi en alerte lorsqu'il y a un manque d'oxygène dangereux.

Qu'est-ce qu'une fosse septique ?

Une fosse sceptique est une solution d'assainissement des eaux usées pour les constructions qui ne sont pas raccordées à un système d'assainissement collectif (en règle générale, le tout à l'égout). Nous avons l'obligation de traiter nos eaux usées. Cela est indispensable pour l'environnement. La fosse septique est un ensemble d'éléments qui permet de traiter les eaux usées de façon à ce qu'elles puissent être recyclées dans la nature et ne présentent plus aucun danger sanitaire pour la population animale et humaine ou l'environnement.

Il faut aussi savoir que les eaux usées comprennent les eaux vannes et les eaux grises. Les eaux vannes proviennent des toilettes et les eaux grises du reste de l'habitation (douche, cuisine, machine à laver…). Les deux sortes d'eaux, eaux vannes et eaux grises, sont les eaux domestiques. La fosse septique traite d'une façon primaire ces deux types d'eau, selon qu'elle est une fosse toutes eaux ou seulement pour les eaux vannes.

Dans la fosse septique, qui est une sorte de grosse cuve, on récupère les eaux à traiter. La grandeur de la cuve sera faite en fonction du nombre d'habitants. Cette cuve est aussi équipée d'un bac à graisse qui récupère les eaux de la cuisine avant que celles-ci ne soient déversées dans la cuve. Ensuite, un système de filtration en place rejette les eaux traitées dans une nappe de sable à l'aide d'un réseau de canalisations.

Une fosse septique ne peut être installée partout. Il y a certaines directives pour son emplacement et fonctionnement. Le terrain doit être perméable, elle doit avoir un volume adéquat, car il faudra prévoir que les liquides restent un certain moment dans la cuve. Elle doit être bien stable, ne doit en aucun cas être obstruée et bien aérée. Elle doit restée accessible pour la vidange ou les réparations car elle doit subir un nettoyage à intervalles réguliers par un spécialiste.

On pourra verser dedans les eaux de pluies, qui elles ont un circuit à part. On pense ici au déversement des gouttières. Aucun poison comme les pesticides, l'essence, l'antigel, les huiles de vidange, les vernis, les peintures ne doivent être mis dans la fosse septique tout comme les produits qui ne se dégradent pas comme le plastique ou les granulés des bacs à chats, mais aussi les couches de bébé ou les filtres à café. Et, tous les détergents qui ne sont pas spécialement conçus pour les fosses septiques ne sont pas autorisés.

Si la fosse septique est une solution dans certains cas où le raccord au réseau d'assainissement collectif est impossible, elle reste tout de même une construction onéreuse car son entretien doit être effectué régulièrement, et ce par un spécialiste. En outre, elle rejette une grande partie de la pollution qui y est entrée. Il est aussi important de savoir que la plupart des fosses septiques ne sont pas sans odeurs nauséabondes et que l'évacuation est souvent un problème.

Comment faire l'entretien / le curage de sa fosse septique ?

Pensez bien que votre installation faite, votre fosse septique doit encore avoir toute votre attention. Elle est, bien entendu, très rapidement rendue invisible car vous prendrez soin de la recouvrir de pelouse, ou de gravier. Dès l'installation terminée, vous ne la voyez déjà plus car l'installateur a recouvert la fosse avec de la terre et les canalisations d'épandage sont également invisibles. Néanmoins, elle est bien là et son bon fonctionnement sera assuré par un bon entretien. Si vous avez fait votre installation vous-même, vous avez pris des précautions et notamment pris soin d'avoir un écoulement à part pour les eaux pluviales. En effet, celles-ci ne doivent jamais être collectées dans une fosse septique ou une fosse toutes eaux. Vous avez construit le tout de telle façon à ce que les regards restent accessibles et les ventilations en bonne place, c'est-à-dire en aval et en amont.

La vidange de votre fosse se fait selon l'occupation de l'habitat en tenant compte du nombre d'habitants. Toutefois, la vidange sera régulière et vous éviterez les engorgements en vérifiant l'état des filtres et préfiltres. Pour ce faire, vous retirerez le matériau filtrant et le laverez à l'eau claire sans aucun produit détergent. Si besoin est, vous le remplacerez. Si votre installation comporte un bac dégraisseur, celui-ci doit aussi être nettoyé régulièrement. Une fois par trimestre est une bonne périodicité. Vous pourrez mettre les graisses dans un sac poubelle et les jeter avec les ordures ménagères. Pensez à remplir le bac d'eau claire après le nettoyage avant de le remettre en service.

Une bonne habitude d'entretien à prendre est de visiter régulièrement tous les dispositifs : regards de répartition, regards de collecte, etc. De cette manière, vous pouvez vous assurez qu'il n'y a pas de colmatage ou d'engorgement. N'attendez pas que votre fosse ne fonctionne plus pour le faire. Cela vous évitera bien des déboires. Parfois, après quelques années de fonctionnement, il n'est pas inutile de faire un curage des tuyaux d'épandage. Seul un vidangeur spécialisé pourra faire le curage et la vidange de votre fosse septique ou votre fosse toutes eaux. Cela, à cause des matières accumulées, les boues, qui doivent être éliminées selon un règlement strict et conformément aux lois sur l'environnement.

Pour assurer le bon fonctionnement de votre fosse septique, utilisez-là selon les conseils de votre installateur et n'y jeter que les matières autorisées. Votre fosse n'est pas une poubelle et les produits toxiques, comme les huiles de vidange et les restes de peinture, n'ont rien à y faire.

Comment vidanger une fosse septique ?

La question est peut-être moins comment que quand ! Il faut noter qu'une fosse septique doit toujours être vidangée car elle produit des boues et on doit la vidanger si celles-ci atteignent la moitié de la fosse. En règle générale, ce sera tous les deux à quatre ans environ selon le nombre d'habitants et la taille de la fosse. Inutile de la vidanger trop souvent, mais il est tout aussi inutile d'attendre qu'elle soit totalement bouchée pour le faire. En fait, il s'agit d'un entretien régulier tout comme pour tous les autres appareils ou comme la vidange d'une voiture. Si on attend qu'elle ne roule plus on a des problèmes. Si, en revanche, on l'entretien et la vidange à temps, elle fonctionne comme un charme.

La vidange de la fosse septique est donc primordiale pour le bon fonctionnement de celle-ci qui ainsi ne s'engorgera pas. Les points névralgiques, si l'on peut dire, sont les tuyaux d'entrée et de sortie pour l'épandage mais, il y a aussi les drains. Une trop grande accumulation des boues empêche un fonctionnement optimal de la fosse.

Maintenant, il faut aussi savoir que ce n'est pas une mince opération et qu'elle ne s'effectue pas par un novice. Le métier de vidangeur est un métier assez spécifique, il faut savoir faire fonctionner des camions d'hydrocurage qui enlèvent les boues et les emportent vers des stations d'épuration la plupart du temps. Un professionnel saura exactement quelle quantité de boues enlever et combien laisser dans la fosse car celle-ci fonctionne grâce aux bactéries qui vivent dans ces boues. Une certaine quantité leur est donc nécessaire pour pouvoir faire leur travail correctement.

Le mieux sera donc de faire effectuer des devis pour connaître les prix et les plages horaires d'un professionnel près de chez soi. Il arrive aussi parfois qu'un agriculteur du coin fasse le travail de vidange. Pour ce faire, il doit avoir une autorisation spéciale du préfet du département.

Pour faire la vidange de la fosse septique, il est nécessaire de bien connaître son installation et notamment l'emplacement des entrées et des sorties, mais aussi savoir à quel endroit l'épandage est réalisé. Cela pourra gagner du temps lors d'un éventuel problème.

Quel est le prix d'une vidange de fosse septique ?

Quel est le prix d'une vidange de fosse septique est une question que beaucoup d'entre nous se posent, même parfois avant de faire réaliser les installations. Une fosse septique ou fosse toutes eaux doit se vidanger environ tous les deux à quatre ans maximum et, dans tous les cas, du moment que les boues atteignent la moitié du volume de la fosse. Si on laisse les boues s'accumuler au-delà de cette limite, on risque d'avoir à subir les désagréments d'odeurs nauséabondes.

Pour vidanger une fosse septique, il est impératif de passer par un professionnel agréé par la préfecture. Le SPANC (Service Public d'Assainissement Non Collectif) délivre aussi dans certains cas des autorisations à des entreprises. Ce sont très souvent des agriculteurs qui possèdent le matériel approprié. Quoi qu'il en soit, une entreprise qui possède les autorisations nécessaires doit être en état de présenter un certificat qui sera valide lors d'un contrôle de bon fonctionnement au moment d'un passage d'un des contrôleurs du SPANC.

Si la fosse doit être vidangée tous les deux à quatre ans selon le système d'installation, le pré filtre doit, lui, être nettoyé au moins deux fois par an. Une fois tous les trimestres est encore le mieux et évite tout colmatage des canalisations. Quant au bac dégraisseur, il est préférable de le nettoyer deux fois par an. De plus, une vérification totale de toute l'installation est à effectuer tous les ans. Cela permet d'éviter bien des problèmes.

Prenant ce qui précède en considération, la question « Quel est le prix d'une vidange de fosse septique ? » dépendra aussi de l'installation et des parties que l'on désire faire nettoyer en même temps, mais on compte, en règle générale, un prix moyen à partir de 150€ pouvant atteindre les 300€. Avant de prendre contact avec une entreprise, il est bon de se renseigner auprès de sa commune car parfois, les demandes sont regroupées et cela revient nettement moins cher. En outre, les entreprises choisies sont, dans ce cas, toutes agréées par le SPANC, mais le mieux est, bien entendu, de consulter plusieurs entreprises et de demander des devis. Une entreprise de la région sera toujours plus avantageuse car les frais de déplacement font aussi partie de la facture.
Ne jamais oublier de réclamer la facture qui servira de certificat de vidange le cas échéant.

En quoi consiste le curage des canalisations ?

Lorsque l'on mentionne le curage de canalisations on parle de curer l'ensemble des canalisations d'un réseau. Celui-ci peut être vertical ou horizontal et dans ce cas, il s'agira du curage des colonnes, de tous les branchements, de tout le réseau de canalisations. Il peut aussi être question de l'assainissement des eaux domestiques, aussi appelées les eaux grises, dont celles de la salle de bains, de la cuisine, de la machine à laver, du lave-vaisselle et de tous les lavabos et lave-mains de la maison ou du bâtiment. Le curage des réseaux d'assainissement des eaux vannes, ou si l'on préfère des WC, et enfin des réseaux des eaux pluviales, les eaux de pluie.

Toutes ces conduites faisant partie du réseau, qu'elles soient horizontales ou verticales, doivent être régulièrement entretenues ce qui garantit un bon fonctionnement à chaque heure du jour et tous les jours de l'année. Le curage en lui-même consiste à nettoyer les canalisations à l'aide d'un système approprié. Il s'agira très souvent ou bien d'un jet d'eau sous haute pression ou bien il sera effectuée à l'aide d'une fusée hydrodynamique, le but étant de décoller des parois les déchets qui s'y agglomèrent et qui au fil du temps risqueraient de former un bouchon et d'empêcher le passage de l'écoulement.

On connaît tous l'adage « Il vaut mieux prévenir que guérir » et dans le cas des canalisations, il est pleinement justifié. Ne pas faire un curage régulier peut entrainer des dysfonctionnements qui généreront des désagréments et des coûts faciles à éviter. Par exemple, les canalisations bouchées sont beaucoup plus difficiles à curer que des canalisations bien entretenues. En outre, s'il s'agit des canalisations de la fosse septiques des odeurs nauséabondes se dégageront avec l'impossibilité de faire évacuer les effluents. Les odeurs seront également au rendez-vous pour des canalisations bouchées reliant l'évier ou les lavabos au bac dégraisseur. Une machine à laver le linge ou la vaisselle branchée sur une tuyauterie bouchée ou évacuant mal risque fort d'être endommagé avec les coûts afférents. Quant aux canalisation des gouttières ou du réseau des eaux fluviales, si lorsqu'elles sont bouchées elles n'engendrent pas ou peu de mauvaises odeurs, il y a fort à parier que les dégâts des eaux occasionnés seront chers à payer.

Pour toutes ces raisons un curage régulier des canalisations est fortement conseillé car il est indispensable au bon fonctionnement du réseau. Alors, en quoi consiste le curage des canalisations ? En premier lieu à s'assurer d'un fonctionnement optimal du réseau des canalisations.

Comment protéger son compteur et ses canalisations du froid ?

Voici les premiers froids arrivés et si vous n'y prenez garde, votre compteur d'eau et vos canalisations risquent de souffrir des fortes gelées. Par ailleurs, votre compteur, s'il ne vous appartient pas en propre, puisqu'il reste la propriété de l'organisme qui vous livre votre eau, reste tout de même sous votre responsabilité, et cela, que vous soyez locataire ou propriétaire. Il s'agit donc de ne pas le laisser geler par grand froid, la même chose compte pour vos canalisations. Un compteur ou des canalisations gelés seront irrémédiablement endommagés et fuiront au dégel. Pour éviter ces désagréments qui peuvent se révéler importants et être onéreux, le mieux est de bien protéger votre compteur et vos canalisations dès que l'hiver arrive.

Un point important est de bien surveiller le compteur de façon régulière. Après une grande période de froid, le surveiller pour déceler d'éventuelles fuites. Vous n'aurez pas de fuites et votre compteur ne souffrira pas du gel si vous l'avez bien isolé. Les plaques de polystyrène sont idéales pour cela car elles ne retiennent pas l'humidité au contraire des journaux ou de la laine de verre qui sont fortement déconseillés ainsi que la laine de roche pour les mêmes raisons. Vous pourrez donc entourer le compteur avec les plaques découpées de façon à bien le camoufler. Puis, vous découperez une plaque pour boucher tout le regard et vous referez l'opération de manière à isoler le tout avec deux couches. Ainsi, le regard sera fermé aux froids extrêmes.

Si vous devez vous absenter pour une longue période ou plus de deux jours et que vous ne prévoyez pas de chauffer la maison en votre absence, vous devez impérativement fermer l'alimentation d'eau générale et vidanger les canalisations. En effet, des canalisations vides ne présentent aucune prise au gel. S'il reste quelques gouttes d'eau à l'intérieur, elles se dilateront sous l'effet du gel, mais auront assez de place pour ne pas faire craquer la canalisation. Pensez aussi aux canalisations de votre installation de chauffage sauf si vous les avez munies d'un produit antigel et n'oubliez pas les siphons qui sont souvent plein d'eau et tirez la chasse d'eau après avoir fermé l'arrivée d'eu. Votre maison ainsi protégée pourra sans problème subir de grands froids en votre absence.

Faut-il prendre une assurance dégorgement / canalisations bouchées ?

En principe, si vous prenez soin de vos installations, c'est-à-dire, si vous faites attention à ne pas laisser les canalisations s'engorger avec des restes de nourriture pour ce qui est de l'évier, de cheveux ou de poils pour le sanitaire de la salle de bains et ne mettez aucun objet étranger dans les toilettes, vos canalisations resteront en bon état de fonctionnement et ne seront jamais engorgées ou bouchées.

Toutefois, la vie parfois réserve des surprises et un enfant peut vouloir comprendre comment fonctionne les toilettes et y jeter son petit nounours puis tirer la chasse d'eau. La petite peluche disparaîtra dans la cuvette, pour se coincer un peu plus loin et voici le début d'un bon bouchon. Autre cas de figure : Vous faites votre toilette et vous prenez toujours soin de récupérer les débris de la douche et du lavabo, mais soudain la sonnette du téléphone retentit, vous êtres distrait et voici les poils du rasage qui partent avec l'eau dans le lavabo. Encore un bouchon en perspective si cela se répète plusieurs fois. En fait, tout cela pour dire que l'on n'est jamais à l'abri d'un engorgement ou d'une canalisation bouchée.

Maintenant, si vous êtes bon bricoleur, déboucher une canalisation ne sera pas au-dessus de vos compétences, mais si vous frissonnez rien qu'à la perspective de devoir démonter un siphon, le mieux est peut-être une assurance puisque vous appellerez toujours un plombier pour ce genre de déboires. Sachez toutefois, que seuls les engorgements se situant dans votre habitation sont de votre responsabilité. Les bouchons et engorgements qui se trouvent dans les parties communes ne le sont pas.

Vous pouvez aussi vérifier avec votre assurance habitation si le dégorgement ou le débouchage des canalisations de votre habitat est compris. Certaines compagnies d'assurance considèrent cela comme en faisant partie, pour d'autres compagnies il est nécessaire de choisir cette option avec un supplément de frais de cotisation. Parfois, il est nécessaire de prendre une assurance spécifique. C'est là qu'il est important de lire toutes les petites lettres de votre contrat d'assurance.

Avant toute chose, il est bon de se renseigner car les frais éventuellement occasionnés ne seront pas les mêmes selon que l'on habite un logement en copropriété ou une maison individuelle et que l'on est locataire ou propriétaire.

Tout savoir sur le camion à pompe

En dépit de tout l'entretien régulier que l'on peut apporter à ses canalisations, il peut arriver qu'un accident se produise (par exemple, un enfant laisse partir son nounours dans les toilettes avec la chasse d'eau) et qu'un bouchon se forme qu'il est impossible à déloger soi-même. Dans ce cas, on peut faire appel au camion à pompe. C'est aussi le cas, si l'on désire un curage régulier des canalisations. En règle générale, le camion à pompe interviendra également pour des pompages, des dégorgements, des vidanges. Le camion à pompe est muni d'une citerne pour emporter les déchets et d'un système de pompage équipé d'une lance haute pression. La plupart des camions à pompe possèdent aussi un système de caméras d'inspection.

Pour les débouchages de canalisations, la haute pression est utilisée et toute entreprise sérieuse fera suivre l'opération d'une inspection par caméra pour s'assurer que tous les déchets résiduels sont bien éliminés des canalisations. Le dégorgement doit ensuite être suivi par un curage efficace où le camion à pompe est la bonne solution. Cela vaut aussi bien pour les fosses septiques que l'on fait vidanger que pour un problème de bouchage.

Les tarifs des camions à pompe sont toujours plus chers lorsque l'entreprise doit agir en urgence que lorsqu'il s'agit d'une intervention planifiée à l'avance pour un entretien régulier. De même, le curage de canalisations verticales ou horizontales, de colonne d'immeuble de tout à l'égout, de débouchage de canalisation pavillonnaires sont la plupart du temps forfaitaires et comprennent une limite dans la distance de la canalisation traitée. Au-dessus de cette limite, le prix est calculé en sus avec un tarif au mètre linéaire. Par exemple, l'entreprise donne un prix forfaitaire sur vingt mètres et au-delà, elle comptera les mètres supplémentaires avec un prix au mètre qui viendra s'ajouter au prix forfaitaire. Si l'intervention consiste en un débouchage compris dans la limite, le prix forfaitaire jouera. Sinon, il faut calculer un prix supplémentaire non négligeable allant parfois jusqu'à 50 € le mètre.

En outre, il est toujours plus avantageux d'avoir affaire à une entreprise située à une distance raisonnable du lieu de l'intervention. Cela est relativement aisé car la grande majorité des entreprises qui interviennent avec un camion à pompe précisent le rayon dans lequel elles opèrent.

Bon à savoir

Les dangers des canalisations en plomb pour l'eau potable.

Jusqu'aux années 1950, le plomb a été amplement utilisé pour les canalisations d'eau potable. Depuis, nous savons que le plomb est dangereux pour la santé et il n'est plus utilisé pour les nouveaux réseaux de canalisations intérieures des habitats. Pour les branchements publics, les municipalités et les organismes d'approvisionnement en eau utilisaient aussi le plomb jusque dans les années 1960 de façon régulière et intensive. Ce n'est qu'en 1995 que l'usage en a été interdit. La raison en est que bien que représentant une faible part d'intoxication, le plomb n'en est pas moins présent et imprègne l'organisme où la quantité infime s'amasse régulièrement en faisant à la fin une quantité non négligeable et nocive pour la santé. Lorsqu'il est introduit dans l'organisme, le plomb circule par les voies sanguines et est transporté vers les organes vitaux comme le cerveau, les os et les dents. L'atteinte du système cérébral est de loin la plus grave chez l'enfant.

Chaque habitant consomme environ 150 litres d'eau en moyenne par jour. Cette quantité couvre ses besoins domestiques et sanitaires. Si les canalisations sont en plomb, les risques sont énormes car le plomb ingéré serait une quantité non négligeable car le plomb est aussi toxique lorsqu'il est respiré que lorsqu'il est ingéré. Le risque devient énorme pour les jeunes enfants et la Directive européenne impose une teneur en plomb de l'eau potable divisée par deux. La question qui se pose alors, est : est-ce que le plomb n'a pas disparu de notre eau potable ? Et, bien non car toutes les canalisations de tous les réseaux n'ont pas encore été remplacées par des canalisations en cuivre et en PVC.

Les risques liés au plomb sont énormes. Il s'agit d'hypofertilité, d'avortements spontanés possibles, des atteintes du système cérébral. Les effets des risques sanitaires du plomb sont particulièrement néfastes pour les enfants, les vieillards et les femmes enceintes. La quantité de plomb pénétrant dans l'organisme est éliminée de moitié dans le sang et les tissus mous, comme les muscles, les poumons, le cœur au bout d'un mois, mais reste dans le système osseux de 10 à 20 ans.

On connaît la maladie du plomb depuis très longtemps. On lui a même octroyé un nom : le saturnisme, et cela depuis le début du 20ème siècle. Elle fut l'une des premières maladies considérées comme maladie professionnelle. Si les risques sont devenus moindres pour les professionnels, ils sont toujours les mêmes pour les particuliers et les utilisateurs.

Quelle différence entre un plombier et un artisan plombier ?

Une question que l'on peut se poser est quelle différence entre un plombier et un artisan plombier lorsque l'on fait venir un plombier chez soi. On l'aura remarqué, plombier est un métier très demandé, peut-être le plus demandé dans les métiers du bâtiment. Cela pour une raison simple, les canalisations ont besoin d'être entretenues, parfois des fuites impromptues se déclarent et, qui plus est, l'artisan plombier ne s'occupe pas uniquement de plomberie.

On appelle, en règle générale, plombier un installateur sanitaire qui peut, en effet, se concentrer sur les installations de plomberie qui consistent aussi en toute la robinetterie, les évacuations d'eau, les chauffe-eaux, et aussi le chauffage central, les raccords de radiateurs, mais aussi les tuyauteries qui font partie d'un réseau de gaz. Installations qui sont de plus en plus complexes avec des matériaux de plus en plus variés tels que le cuivre, bien sûr, mais aussi le PVC, le plastique et pour pouvoir intervenir dans les aniciens bâtiments, il doit aussi être familier du plomb car il reste encore des réseaux de canalisations en plomb, même si ce matériau est devenu interdit en rapport avec la santé et l'environnement.

L'artisan plombier, lui sera le plus souvent plombier chauffagiste, qui s'occupera en plus de ce qui est le domaine du plombier, de tout le réseau électrique comprenant aussi bien les chaudières, que les installations de VMC, de pompes à chaleur, de chauffe-eaux de fil pilote etc. Le plombier et l'artisan plombier ont tous les deux une formation très rigoureuse derrière eux car il s'agit, non seulement du bien-être des clients, mais aussi de leur sécurité. Ils sont méthodiques, aimables car ils doivent communiquer avec les clients pour leur expliquer les détails du chantier.

Leur métier évolue sans cesse car les énergies deviennent de plus en plus diverses. L'énergie solaire, mais aussi la géothermie, les installations de chauffage réversibles qui rafraichissent la maison et les bâtiments pendant l'été et les fortes chaleurs et les chauffent en hiver à la saison froide. De ce fait, les artisans plombiers et les plombiers sont devenus très polyvalents et il ya peu de plombiers qui sont uniquement plombiers. Ce sont des artisans à part entière, qu'ils soient installateurs sanitaires ou installateurs sanitaires chauffagistes.

Qu'est-ce qu'un chauffagiste ?

Le chauffagiste, à l'heure actuelle est principalement un Installateur thermique. Il fut un temps où le chauffagiste était une personne qui s'occupait du chauffage central dans des entreprises ou des sociétés ou dans des immeubles de particuliers. Comme la plupart des chaudières fonctionnaient au charbon, s'il était de garde, le chauffagiste devait passé la nuit remplir la chaudière de charbon. On se rend compte comme les choses ont évolué depuis ces temps pas si anciens, vers le milieu du XXème siècle seulement. De nos jours, le chauffagiste allie souvent les connaissances de plomberie et il est plombier chauffagiste.

Le plombier chauffagiste est aussi appelé « Installateur thermique et sanitaire ». A l'heure actuelle, donc, bien qu'il s'agisse de deux métiers différents, celui de plombier et celui de chauffagiste sont souvent accolés. Le plombier entretient, répare, installe les canalisations et tous les autres appareils de distribution de gaz et d'eau. Quant au chauffagiste, son domaine est l'entretien et l'installation des appareils de chauffage. Il prendra à sa charge aussi bien les appareils traditionnels de chauffage central comme les chaudières et les radiateurs avec toute la tuyauterie nécessaire pour l'installation. Il saura aussi comment installer une climatisation chaude et froide avec tout le système de générateur d'air, mais aussi des gaines et de ventilation. Les brûleurs de chaudière, qu'ils soient au gaz ou au fioul n'ont aucun secret pour lui ni les raccordements de VMC. Qu'il s'agisse d'un plancher chauffant ou d'un chauffage électrique avec radiateurs, l'installation sera faite dans les règles.

Le chauffagiste possède de nombreuses connaissances allant de la lecture des plans à la sélection des fournitures ; dessiner des tracés de canalisations ou poser les appareils prévus. Il sait quel genre de support est pour quel sorte de chaudière et quel autre pour de simples radiateurs. Il pourra aussi effectuer tous les raccordements nécessaires et l'installation fonctionnera une fois son passage terminé. Car le chauffagiste vérifie, par la mise en service, le bon fonctionnement de toute installation. Il opère divers essais avant de déclarer l'installation fonctionnelle car son travail consiste aussi à faire les réglages.

Le chauffagiste doit savoir faire des soudures, mais aussi être au courant de toutes les autres techniques d'assemblable selon les matériaux utilisés. Son sens esthétique est toujours le bienvenu et il doit être très soigneux puisque tous les appareils sous sa garde sont coûteux.

Dans les chantiers de rénovation de vieilles bâtisses, le chauffagiste s'assure de mettre toute l'installation thermique aux normes. Presque toutes les installations dans de tels bâtiments sont, en règle générale, à refaire, mais différemment d'une nouvelle construction, beaucoup de choses sont en place et le chauffagiste s'adapte à la situation.

Comment trouver un plombier pas cher ?

Il est souvent très difficile de trouver un plombier. Un bon plombier est tout aussi difficile à dénicher parfois, mais un bon plombier pas cher, tient de la perle rare. Toutefois, il existe car beaucoup de plombiers préfèrent tout de même travailler honnêtement à des tarifs raisonnables. Maintenant, tout dépend de ce que l'on appelle pas cher. Et aussi du travail que l'on désire faire effectuer. Un autre point à prendre en considération est l'endroit du chantier où il devra intervenir et d'où il viendra. Prendre un plombier près de chez soi possède bien entendu des avantages, ne serait-ce qu'en frais de déplacement.

Il faut aussi savoir que, premièrement toute peine mérite salaire et que vouloir faire travailler un spécialiste pour « pas cher » est parfois plus onéreux à la longue car on peut très bien tomber sur une personne peu scrupuleuse qui s'y connaît mal et alors la facture est encore plus salée. Pas question de faire confiance à une personne qui connaîtrait mal son métier !

Alors, savoir qu'un bon plombier a son prix. Maintenant, il est clair, qu'il n'y a aucune raison de payer un prix exorbitant si le travail ne le mérite pas. Une bonne solution est de commander des devis et de faire des comparaisons. Si les travaux ne sont pas urgents, c'est une très bonne option. Parler chez les commerçants du coin peut aussi révéler très souvent les plombiers disponibles de la région. Par ailleurs, le bouche à oreille étant la meilleure publicité, on pourra se fier à l'expérience des uns et des autres pour choisir son plombier.

Un bon plombier pas cher sera difficile à trouver malgré tout. Et un simple plombier pas cher, pourrait bien être quelqu'un qui fait du travail à la va vite sans considération de qualité, pas vraiment un arnaqueur, mais peut-être un je-m'en-fous-tiste qui bâclera l'opération.

En dehors de cela, il y a des entreprises qui se spécialisent en plomberie « pas cher » et qui font un excellent travail comme l'indiquent leurs clients.

Quel plombier choisir pour un dépannage ?

Grand moment de panique lorsque l'on a une fuite ou une canalisation bouchée. La question se pose alors « Quel plombier choisir pour un dépannage ? ». Très souvent on agira dans l'urgence et on ne fera pas nécessairement le bon choix. Une façon efficace d'éviter ce genre de situation est de choisir son plombier avant d'en avoir besoin. Très tranquillement, on fera le tour des artisans du coin et si nécessaire on ira les rencontrer à leur place de travail, leur atelier et on verra lequel nous plait le mieux et on pourra choisir en conséquence.

Un plombier est une personne très importante pour tous les locataires ou propriétaires. On en a toujours besoin un jour ou l'autre et mieux vaut savoir à l'avance à qui l'on a affaire. En outre, tous les artisans sont sensibles à ce genre de démarche car elle signifie aussi que vous prenez leur travail au sérieux. En effet, vous faites mieux de le faire car un bon plombier est un être irremplaçable qui saura vous dépanner dans l'urgence qu'il s'agisse d'une fuite ou d'une canalisation qui ne fonctionne plus comme elle devrait le faire. S'il s'agit d'une fuite importante, vous serez très heureux de connaître la personne à qui vous vous adressez l'ayant déjà rencontrée. La même chose vaudra pour le plombier qui saura à l'avance à qui il a affaire et surtout sur quel type d'installation il devra intervenir.

De donner le plus d'informations possibles sur votre installation est loin d'être négligeable lorsque vous choisissez votre plombier. Certains préfèrent le PVC d'autres ne jurent que par le cuivre. Avez-vous des tuyauteries flexibles, ou multicouches ? En comprenant vous-même votre installation et vos canalisations vous arriverez mieux à choisir votre plombier pour de prochains dépannages éventuels.

Il existe aussi dans les grandes villes des services de dépannage dont il est impossible de faire connaissance à l'avance. Cela peut être un choix, mais en règle générale, les artisans du coin sont nettement moins onéreux et surtout vous aurez toujours affaire à la même personne. Cela joue à tous les niveaux, pour tous les corps de métiers. Alors quel plombier choisir pour un dépannage reste tout de même une option de choix personnel.

SOS plombier : certains abusent-ils de l'urgence ?

SOS plombier : certains abusent-ils de l'urgence, est une très bonne question car, comme dans toutes les professions il y en a des honnêtes et qui travaillent consciencieusement et les autres. Mais, pour les bons, le métier de plombier demande beaucoup de qualifications car il intervient aussi dans d'autres secteurs le plus souvent, l'électricité entre autres. Le plombier aura suivi une formation spéciale qui lui aura pris deux ans et très souvent, il aura suivi une formation de spécialisation pendant encore trois ans.

On peut partir du principe que la plupart des plombiers sont honnêtes et ne comptent que les heures travaillées. Mais, il faut tout de même savoir que pour se faire un salaire mensuel d'à peu près 1500 €, il devra compter environ 35 € de l'heure pour s'en sortir. Cela sans prendre en compte les trajets qu'il fait pour aller s'approvisionner en matériel chez ses fournisseurs, les frais d'usure de son matériel qu'il doit aussi remplacer de temps à autre, sa voiture et s'il a des ouvriers toutes les charges qui lui incombent. Un simple calcul montre que pour arriver à ses 1500 € par mois, il doit faire un chiffre d'affaire beaucoup plus élevé, aux alentours de 5000 € s'il travaille seul.

Ceci étant dit, dès que les travaux à effectuer dépassent les 150 €, le plombier devra établir un devis que l'on devra signer ou non pour accord. Pour être certain de payer un juste prix, il faut s'en remettre aux barèmes établis par la profession qui sont jugés équitables pour les deux partenaires. Il est bon, de toute façon, de toujours s'informer du tarif avant de laisser le plombier intervenir. En allant sur les forums, il est facile de se rendre compte que certains plombiers abusent de la situation, mais très souvent c'est aussi un peu la faute du client qui a fait la grosse erreur de ne pas demander le prix à l'avance. Une fois les travaux effectués, il est toujours beaucoup plus difficile de discuter du prix. Demander le tarif avant même de faire venir le plombier chez soi est absolument impératif. Comme cela il n'y aura aucune mauvaise surprise et personne ne se sentira dupé.

Comment devenir plombier ?

Plombier est un grand métier d'avenir. On aura toujours besoin d'un plombier qui est le sauveur dans le cas de bien des désastres domestiques ou autres. Une canalisation pétée, des éviers bouchés, mais aussi une fuite intempestive à un moment inopportun et le plombier est le grand réparateur. Il évite les dégâts des eaux après le dégel si on n'a pas bien protégé ses canalisations. Le plombier, bien souvent, intervient dans d'autres domaines également. Il n'est pas rare d'avoir le même artisan qui fera les travaux de plomberie et d'électricité. Il arrive aussi de plus en plus souvent qu'il soit aussi chauffagiste et s'occupe tout autant des conduites de cheminées et du chauffe-eau, des filtres de diverses installations comme les brûleurs d'une chaudière ou des pompes à chaleur ou des VMC.

Le plombier est aussi l'homme de la situation pour l'installation de toutes les canalisations neuves et les tuyauteries aussi bien pour le gaz que pour l'eau. En outre, le plombier installera sans problème tout un nouveau circuit électrique dans les maisons individuelles mais, de même dans des immeubles.

Un plombier possède des connaissances techniques indispensables à l'exercice de son métier. Il doit avoir une bonne connaissance aussi des matériaux utilisés. L'hydraulique, la thermique sont des connaissances à maitriser, mais aussi les règles de sécurité ne doivent pas lui être étrangères car il est responsable du bon fonctionnement de l'installation.

En outre, un plombier doit pouvoir savoir lire des plans. Parfois, il devra les dessiner car des problèmes de calcul de débit ou de tension surgiront immanquablement s'il s'agit d'une nouvelle installation ou si l'ancienne installation s'avère défectueuse. Poser et réparer des appareils sanitaires est de son ressort et le plus souvent, le plombier travaille à l'abri, à l'intérieur des constructions. Seul ou en équipe, il est à son compte ou il est embauché par un patron où, avec l'expérience et le temps, il pourra devenir un conducteur de travaux ou un chef de chantier s'il connaît bien son métier.

Pour devenir plombier, il faut suivre une formation spéciale, un CAP installateur sanitaire ou CAP installateur thermique, que l'on peut préparer en deux ans pour le premier niveau. Ensuite, on peut suivre une spécialisation, ce qui offre un avantage car elle est toujours appréciée des employeurs. Divers BAC pro sont possibles à faire après le CAP ainsi que de le BP (Brevet professionnel) ou une MC (Mention complémentaire).

TABLE DES MATIÈRES

BON À SAVOIR

Nous vous remercions d'avoir lu *« Comment déboucher éviers, lavabos, douches, baignoires et toilettes »*

Si vous avez apprécié « *Comment déboucher éviers, lavabos, douches, baignoires et toilettes* », nous aimerions vous demander une faveur, celle de bien vouloir retourner à l'endroit où vous avez acheté ce livre pour y laisser un commentaire honnête. Les auteurs vivent et meurent de leurs critiques, et les quelques secondes qu'il vous faudra pour le faire nous aideront vraiment et nous vous en serons infiniment reconnaissants.

www.ingramcontent.com/pod-product-compliance
Lightning Source LLC
Chambersburg PA
CBHW052126090426
42741CB00009B/1971